Legrand

LA RÉGION SOUMISE A LA COUTUME DU VERMANDOIS.

Une des Coutumes qui, dès le xiii° siècle, obtint le plus de notoriété, fut celle du Vermandois. Mais, qu'était-ce que le Vermandois ? L'étendue en est différente suivant les époques (1). Quand César pénètre dans la Gaule, le pays occupé par les Veromandui comprend les environs immédiats d'Augusta Veromanduorum (2). C'est le pagus Veromanduorum, circonscription restreinte comme son nom l'indique. Peu à peu ses limites se reculent, et lorsque Philippe-Auguste le réunit à la couronne en 1194, il en forme le grand Bailliage de Vermandois dont le ressort est immense : Il s'étend sur les villes de Laon, Reims, Châlons, Noyon, Saint-Quentin, Chauny, Coucy, Ribemont, Guise, Soissons, Péronne, Roye, Montdidier, Senlis et une partie de l'Artois et de la Flandre. Son siège principal est Laon.

Bientôt, la contrée appelée vulgairement Vermandois se rétrécit ; et au xviii° siècle, elle ne correspond guère qu'à l'arrondissement actuel de Saint-Quentin, augmenté du Noyonnais.

---

(1) V. sur cette question : Gaëtan Legrand. *Essai historique sur le droit des gens mariés dans les pays régis par la Coutume du Vermandois*. Paris, Rousseau, 1905, p. 9 et suiv.

(2) St-Quentin. V. op. cit. p. 9, note 1.

"

Les notes qui suivent ont pour but de préciser les limites territoriales de la Coutume du Vermandois.

*
* *

Notre Coutume fut officiellement rédigée au xvie siècle ; mais ses éléments existaient depuis longtemps. Dans un travail récent (1), nous avons essayé d'en rechercher les origines lointaines. Et en dehors des documents concrets que nous avons analysés, nous avons retrouvé notamment dans les chartes de communes, certains principes qui sont passés dans la Coutume rédigée, et qui gouvernent encore le droit de notre pays (2).

D'un autre côté, certains ouvrages tels que le *Conseil* de Pierre de Fontaine, la *Somme rural* de Boutillier, les *Coustumes des pays de Vermandois* de 1448, les *Anciennes Coutumes* de Laon renferment des renseignements précieux pour l'histoire de notre Coutume. Mais, au point de vue géographique, ils ne contiennent aucune indication.

Il faut arriver à la rédaction officielle pour obtenir quelque certitude.

C'est par des Lettres en date du 19 août 1556 que le roi Henri II manda à Christophe de Thou, Président en la Cour du Parlement de Paris, Barthélemy Faye, conseiller, et Gilles Bourdin, avocat en ladite

----

(1) Op. cit. p. 16 et suiv.

(2) Conformément à la tradition, nous avions (op. cit. p. 49 et suiv.) cru saisir le germe de la communauté entre époux dans la Charte de Laon. Un examen plus approfondi ne nous permet plus d'être aussi affirmatif. La comparaison de ce document avec le texte de ses filiales comme la Charte de Beaurieux ferait plutôt penser à un gain de survie. (Art. 70. « .... *quamdiù vixerit* ....»

Cour, d'avoir à réunir les trois États pour « rédiger et accorder, et si besoin est, modérer corriger, muer, et abroger lesdites Coutumes ».

Par d'autres Lettres du 15 septembre 1556 données à Vauluisant, Bourdin fut remplacé par Jacques Viole.

Comme la peste régnait à Laon, la ville choisie pour l'assemblée fut Reims.

Le mardi 3 novembre 1556, les trois États se réunirent au Palais archiépiscopal.

Le 23 novembre, le Procès-Verbal était lu à l'assemblée des États (1).

Les Coutumes, reçues par la Cour étaient déposées au greffe de ladite Cour le 2 juillet 1557 (2).

Elles comprennent : *les Coutumes générales du Bailliage de Vermandois en la cité, ville, banlieue*

---

(1) Ces Coutumes ont été connues à Laon avant cette date. On lit en effet dans *Cinquante ans de l'histoire du chapitre N.-D. de Laon*, par Édouard Fleury : (p. 97).

« 6 nov. 1556. Messieurs ont non seulement approuvés le rapport fait par M. le Doyen qui a dit s'être transporté à Reims pour y voir faire par les commissaires la publication et homologation des coutumes de la baillie du Vermandois, mais ils ont encore ordonné au receveur de faire une mise de dix écus d'or au soleil qui ont été employés pour cela. »

« 9 nov. 1556. Messieurs ont lu avec beaucoup de plaisir la lettre du sieur Claude de Lamer, procureur du chapitre en cette ville et qui s'est rendu à Reims pour l'homologation des Coutumes du Vermandois ».

(2) La copie délivrée pour le Bailliage de Laon existe encore aux archives du greffe du Tribunal de Laon. V. la reproduction photogr. dans notre *Essai s. le dr. des gens mariés.*

et prévôté foraine de Laon, et les Coutumes particulières de Ribemont, Saint-Quentin, Noyon et Coucy (1).

Si on n'a conservé que ces coutumes particulières, il est néanmoins constant qu'avant la rédaction officielle, d'autres villes à qui furent imposées, dans un but d'unification, ces coutumes générales, étaient pourvues de coutumes propres, telles Vervins, Soissons, etc.... (2).

---

(1) A propos de Coucy, on lit dans le *Commentaire manuscrit de* B. F. Fouquier : (p. 2).

« Il faut néanmoins au sujet du bailliage et gouvernement de Coucy, distinguer les endroits qui sont de l'ancien ressort et prévôté foraine de Laon, il n'y a que ceux-là où la Coutume de Laon serve de Loy au défaut de la coutume locale ; les autres dans ce cas se gouvernent suivant la coutume du Bailliage de Senlis dans le ressort duquel elles sont ».

(2) L'article 281 et dernier des Coutumes générales de Vermandois est ainsi conçu :

« Les villes de Laon, Soissons, Vailly, Crespy, Bruyères, Marle, La Fère, Vrevin et toutes autres villes, bourgs et villages estans de la Prevosté foraine de Laon se gouvernent selon la Coutume générale de ladite Prevosté de Laon, telle qu'elle est cy-dessus, sans en pouvoir prétendre aucune particulière pour l'advenir. »

Si la Coutume rédigée prend soin de nommer les villes qui ne pourront dorénavant prétendre à une Coutume particulière, c'est qu'apparemment, elles en avaient une auparavant. Le fait est certain pour Vervins, Vailly et Soissons. L'ancienne Coutume de Laon est explicite. V. *Ancienne Coutume,* 2ᵉ partie, ch. III, A. XVIII et XXXIII ; — 3ᵉ partie, ch. IV, A. XXXII ; 4ᵉ partie, ch. 1ᵉʳ, A. XI. — Pour Vervins, le cahier a même été représenté lors des délibérations de 1556. « A esté faicte lecture d'un article dudit cahier ancien, dont la teneur ensuit : mais en la ville de Vrévin, etc... » *Procès-verbal s. l'article 85,* p. 12. Édit. Buridan de 1631.

Mais, lors de la rédaction, il fut entendu, que le pays serait gouverné par une coutume unique et que seules les villes de St-Quentin, Noyon, Ribemont et Coucy avec un certain nombre de villages limitrophes conserveraient quelques articles spéciaux.

Nous donnons ci-après la nomenclature des villes et villages régis tant par la Coutume générale que par les particulières. Nous l'empruntons aux Procès-verbaux reproduits par d'Héricourt dans son commentaire publié en 1728 (1). C'est, croyons-nous, la plus récente. Nous en respectons l'orthographe.

*
* *

(1) *Le Coutumier de Vermandois contenant les commentaires de Buridan et de La Fons sur les Coutumes de Vermandois, de nouvelles observations sur les mêmes Coutumes,* par M. d'Héricourt, avocat au Parlement. A Paris, M. DCC. XXVIII. V. Procès-verbaux, t. 1er, p. 834 et suiv.

INDICE DES VILLES ET VILLAGES

RESSORTISSANS DU BAILLIAGE DE VERMANDOIS.

Et premièrement au Bailliage et Prévôté de Laon.

A.

Assi.
Aulnoi et Longueave.
Aumencourt.
Avain & la Thieulerie.
Athies.
Amifontaine.
Avaux en partie.
Aiguillicourt.
Autremencourt.
Apremont.
Andelain.
Amies.
Aiselle.
Aubigni.
Arensi.
Arenso, la Ville & la Court.
Aiselles.

B.

Bourc Comin.
Brai en Laonnois.
Berrieux.
Bieure.
Bouconville.
Beaunes.
Brancourt.
Bussi-lez-Cerni.
Bries.
Besni.
Bois et pargni.
Betlancourt.
Bohain.
Bosault.
Buci-lez-Pierrepont.
Barenton-sur-Serre.
Barenton Bugni.
Barenton le Sec.
Boulleaux.
Barzi en partie.
Banthor.
Bruyères.
Beaumont.
Briennes.
Bertaucourt.
Beaurepaire.
Bransicourt.

Beaurieu.

Bourguignon.

Brai en Tierache.

Baucigni.

Berlize.

Brunchamel & les Autels.

Bellimont.

Blanche buteilles.

Boncourt.

Bercourt.

Beauvoir.

C.

Chivi.

Crandelain.

Coulliegi.

Chaumont Cense.

Cerni en Laonnois.

Chamouille.

Couteron.

Chermisi & Euregame.

Cheure.

Cheret.

Chevregni.

Courvisi.

Crespi.

Chivi & Etonnelles.

Caumont.

Cuissi.

Cubigni.

Cornelles.

Chaillevet.

Chivri-lez-Hiners.

Cheri.

Châtillon-lez-Sons.

Chancourt.

Creci sur Serre (1).

Chevesnes.

Chalendri.

Chilli. Cuirieux.

Chameri.

Cheri-lez-Poilli.

Cessiers.

Classi & Thiere.

Conhayon.

Chantlud.

Clermont Cense.

Couhartil.

Chaourse.

Craonnes.

Condé.

Chaudardes.

Corbeni.

Cuissi.

Cuiri-lez-Chaudardes.

Craonnelles.

Concevreux.

Courtizi.

Courtonnes.

---

(1) Dans l'énumération des principales chartes du Vermandois que nous avons donnée (op. cit. p. 147), nous avons omis celle de Crécy-sur-Serre qui est cependant très intéressante. Elle est en partie calquée sur celle de Laon mais contient certaines dispositions originales. Elle date de 1190 (Bibl. nat. coll. Dom Grenier, volume 100, p. 137-142). M. l'abbé Jules Lefèvre, de Chalandry, a bien voulu nous en communiquer un extrait. Nous lui adressons nos sincères remercîments.

Chermes.

Couppet.

Couci-lez-Eppe.

Challevois.

Cruveron.

Creutes (1).

Courbes & le Censier.

Courdane & le Moulin.

Clari.

D.

Danisi.

Devillet.

Dolignon.

Dohis.

Daigni.

Danemarie.

Dizi.

Delain & Ribandon.

Derci.

E.

Erlouët.

Euregnicourt.

Estrouvelles.

Espourdon.

Etrepoix.

F.

Festieux.

Fay-lez-Pierepont.

Froimont.

Fontaine-lez-Vrevin.

Franqueville.

Foucoucourt & Marcilli.

Fressencourt & Follembrise.

Fourdrain, & les maisons des boües & les pêcheries.

Fussigni.

Floricourt.

Fayeux.

Fouquerolles.

Faviers.

Frontigni.

Foncansi.

G.

Gerci.

Grantrieu.

Grona.

Gernicourt.

Guinicourt

Glennes.

Godelencourt.

Grantlud, Gizy.

Godelancourt-lez-Berieu.

H.

Hameaux.

Harcigni.

Haultion.

Haris.

Haye.

Hivers.

Handreville.

Houssel.

Hurtebize.

Horis.

Heraucourt.

Houdenoi.

J.

Jantes.

Joffroicourt.

Juvigni.

Juvincourt le petit.

L.

Laon.

Laval Saint Pierre.

---

(1) V. Dejente. *Localités détruites.* Études parues dans le *Rappel de l'Aisne* notam^t le 17 juin 1906.

l'Abbaye de Prémontré.
La Fère.
La Ferté sur Peron en partie.
Lugni.
La Maison du Temple.
La Pêcherie.
La Mothe.
Liveri.
Lislet.
Lappion.
La Court de souppir.
Lambreci.
Liesse.
La Selve.
Le Moulin de Medels.
Laval.
La paix Saint Antoine.
La Maison de Bailli & le Moulin.
Laigni & le Moulin de la Ville au bois.
Lierval.
La maison des prez.
Lizi & la Thieullerie.
Laniscourt.
Le Pont à buci.
Le Sart sur Serre.
Les Censes de Loizi & Terre Anguillicourt.
Lerve.

Marci.
Membrecourt.
Machecourt.
Monthevault.
Montchallons.
Montigni en Laonnois.
Montbavain.
Montarsennes.
Montceaux-lez-Leups.
Molinchart & le Rieu.
Montrecoûture.
Monceaux-lez-Rosoi.
Mauregni.
Mons en Laonnois.
Molins.
Moussi & leme.
Malva.
Montagu.
Magni.
Marchias.
Montnampteüil.
Marle.
Mauregni.
Maineville.
Malmaison.
Mouthiemont.
Montberault.
Merlieu.
Moranci.
Malaise.

M.

Missi.
Mauloue.
Montigni le franc.
Moncornet.
Monceau le Wast.
Marfontaine.
Montigni sur Creci.
Montigni sous Marle.
Montiers.

N.

Nancelles.
Neufville en Laonnois.
Neufchâtel.
Nisi le Comte.
Neufville le Housset.
Noviant l'Abbesse.
Noirecourt.
Noviant le Vigneux.
Neufville de Bosmont.

O.

Orgueval.
Orinville.
Origni.

P.

Pignicourt.
Prouvais.
Proviseux.
Pleuvois.
Ployart.
Panci.
Paici & le Mosnier.
Plomion.
Parfondeval.
Presles.
Parfondereuë.
Pontgival.
Pontaverre.
Pierrepont.
Pré Robert.
Prices.
Poilli.
Pagneuls.
Piseulx.

R.

Raizigni.
Rozoi.
Roumerie.
Raillimont.
Remies.
Rogecourt.
Royaucourt.
Richaumont.
Rougni.
Ronchere (1).
Rougeois.
Relle.

Remicourt.
Ribemont.
Raris (1).
Robert-champ.
Roüi.
Raineval.
Radouel, Mailli.
Rougemont.
Reneville.

S.

Sainte-Croix.
S. Nicolas au bois.
Suzi et Savecourt.
Serni le Buci.
Saint-Erme.
Sissonne.
Saive.
Servais.
Soise.
Sechelles.
Septvaux.
Saint Gobin.
Sons.
Sainte-Geneviève.
S. Clément.
Saint Thomas.
Saint Pierre.
Souppir.
Samouci.
Sainte Preuve.
Serreau.
Saint Gobert.
S. Pierre-lez-Franqueville.
Saint Amille.
Saint Jean Aubigni.
S. Martin.
S. Adrien.

---

(1) V. Palant. *Recherches sur les localités détruites du Pays Marlois* (2e Éd^{on}).

T.

Thoni.
Thoilli.
Thaveau.
Thenailles.
Thieri.
Trussi.
Troyon.
Terme. Train.

V.

Vauclers.
Vauharis.
Vigneux.
Voulpaix.
Vrevin le petit.
Vinci.
Vresigni.

Wisignicourt.
Wiri.
Vinaise.
Warissecourt.
Villi. Urcel.
Vrevin.
Vaucelles et Beufecourt.
Voyennes.
Verneüil sur Serre.
Vorges.
Vesles.
Wicherie & St-Georgés.
Venderesse.
Veeslud.
Vorsannes.
Vaudeluc.
Vaulerigni.
Verneüil sur Aixne.

Soissons.

A.

Assi devant Soissons.
Aizi.

B.

Bazoches.
Brai sous Clameci.
Boüi. Brange.
Barbonval.
Buci.

C.

Clameci.
Croüi.
Condé. Celles.
Coham.
Coumelles.
Courcelles.
Chaivignon.
Chavoines.
Chivres sur Aixne.

D.

Duisi.
Duiset en partie.

F.

Fonphri. Filains.

G.

Cessencourt.

J.

Joy. Jovennes.

L.

Loupines.
Longueval.
L'huis. Leuri.
Les Creutes sous Muret.
La Faux.
Le Mont Notre-Dame en
  partie.

La Chaye.
La Chayette & le Moulin
en partie.

M.

Margival.
Muret.
Mont Saint Martin.
Missi sur Aixne.

N.

Nampteüil sous Muret.
Nampteüil-la-fosse.
Neufville sous Margival.
Neufville sous Sainte-
Gemmes.

P.

Pivon.
Parqui.

R.

Roüy.

S.

Soissons.
Saint Thibault.
Serches. Sarsi.
Sorni.
Sainte Gemmes.
Serval.

T.

Taniers.
Terni.

V.

Vailli.
Violaines.
Ville-savoye.
Vregny.

INDICE DES VILLES ET VILLAGES

DÉPENDANS DE LA COÛTUME DE RIBEMONT.

A.

Aubenton.
Abieg.

B.

Boissi. Bevord.
Beaurains.
Berthencourt.
Bernonville.

C.

Chevresis-le-Meldeux.
Chasni.
Colonfai.

D.

Doren.
Dantheville.
Dalaincourt.
Dernanssart.

E.

Estrées au Pont en partie.
Ezonville.

F.

Fai-les-Noyers.
Fasti.
Fontaines-Notre-Dame.
Fieulaines.

G.

Guise.
Grougies.

H.

Hennaples.
Hamegicourt. Iron.

L.

La Neufville.
Landiefai.

INDICE DES VILLES & VILLAGES

DÉPENDANS DE LA COÛTUME DE SAINT-QUENTIN.

Colincourt.
Castre.
Cotescourt.
Clastres.
Croix.
Corbeni.
Capponne.
Courtigni.
Courcelles.
Ceppi.

D.

Dalon.
Doulli.
Duri.
Doulchi.
Destouilli.
Destreilles.

E.

Essigni le grand.
Essigni le petit.
Estrées.

F.

Fontes les clercs.
Fluquieres.
Fayel.
Francili.
Frenoi le petit.
Foussons.
Frenoi en Arouasie.
Fontaine utertre.
Fai.
Forêts.

G.

Germaines.
Gricourt.
Gaulri.
Grengies.

Giffecourt.
Gilercourt.
Goi.
Gouvelieu.
Grand priel.

H.

Han.
Houvecourt.
Happencourt.
Herouels.
Holuon.
Hivacourt.
Harli.
Homblieres.
Hargicourt.
Haute-bruyere.

J.

Jutencourt.
Jehancourt.
Juregni.
Joncourt.

L.

Lauchi.
Le Vougne.
Le Haulcourt.
Lavenne.
Le Mesnil S. Laurens.
Labbiette.
La cense de Margiere.
Les censes de Cauvegni.
L'espée.
Lambai.
La Tour aux Arnes.

M.

Montbochain.
Malincourt.

Maigni.
Maissonni.
Marteville.
Montescourt Lizerolles.
Moi.
Marci.
Morcourt.
Maquinicourt.
Montigni.
Montizelles.

N.

Neesle.
Neufville.
Nourroi.

O.

Offois.
Obigni.
Onussi.
Oistre.
Oisni.

P.

Ponts.
Pithon.
Pontheval.
Puisseux.
Pontru.
Presel.

R.

Roui le grand.
Roui le petit.
Rouppi.
Raulcourt.
Ramicourt. Rouvroi.
Remaucourt.
Rouquerolles.
Riqueval.

S.

Saint Quentin.
Saint Simon.
Seraucourt le grand.
Seraucourt le petit.
Savi.
Salanci.
Sancourt.
Solecourt.
Serisi.
Sequehart.
Sevaule.
Senencourt.
Saulchoix-lez-Pithon.

T.

Tugni.
Traveri.
Thoul.
Tilloi.
Tronquoi.

V.

Voyennes.
Vaux.
Villers Saint Christophle.
Wadencourt.
Villecholles.
Vermans.
Veudelles.
Villevêque.
Vovillers.
Vendeuil.
Villers outrance.
Verguier.
Villers Caillain.
Vendeuil.
Wiencourt.
Viefville.

INDICE DES VILLES & VILLAGES

DÉPENDANS DE LA COÛTUME DE NOYON.

A.

Apilli.

B.

Buchoir.
Beaurains.
Babeuf.
Berlancourt.
Badicourt.
Berthencourt.
Baugies.
Behericourt.
Buci.

C.

Carlepont.
Camas.
Crizolles.
Cachi.
Cavetencourt.
Chiri.
Carmoye.
Crarci.
Chavigni le soir.
Chevilli.
Cachegni.
Cui.

D.

Dine.
Dinette.
Dampernot.
Dominois.
Dreslincourt.

E.

Espinois.
Esuricourt.
Escuilli.
Ercheu.

F.

Flavi le Merdreux.
Frestoi.

G.

Grandreu.
Gredeville.
Genvri.
Griecourt.

H.

Hontleux.

J.

Jussi.

K.

Kesmi.

L.

La Cense de la male-maison.
Lassegni.
Larbroye.
La Cense de Collezi.
La Cense de Campaigne.
La Maison de Thevaillon.
La solle de Saint-Martin.
La Cense de Boutavant.
La Cense Thiebauville.
Libermont.
Le Plessier Chasseleu.
Laigni.
La maison de Launoi.
La Potiere pezée.
La Cense de la Haute-Arbroye.
La Cense d'Ingomer.
La Cense de l'Hôpital du Temple.

M.

Moureul.
Marêts en partie.
Modescourt.
Morlancourt.
Muiraucourt.
Maucourt.
Maigni.
Moyencourt.

N.

Noyon.

P.

Plessier de Royer.
Pontoise.
Pommeroye.
Porquericourt.
Pont l'Évêque.

Passel.
Plessier patte doye.

R.

Rambercourt.
Roumerel.
Roblecourt.
Ramecourt.

S.

Sermaizes.

T.

Tillencourt.
Thiescourt.

V.

Vauchelles.
Varesnes.
Wignies le gai.
Viri.
Voyennes en partie.

INDICE DES VILLES & VILLAGES

DÉPENDANS DE LA COUTUME DE COUCI.

A.

Antreville.
Aufresnes.
Allemant.
Aubercourt.

B.

Blerencordel.
Bairesi au-deçà du Ru.
Blerencourt.
Bretigni.

C.

Couci.
Couci la ville.

Creci.
Courfon.
Cus.
Charus.

F.

Fraines.
Folembrai.

G.

Grandsaux.

J.

Jumencourt.
Juvigni.

2

L.

La Marie.
Landricourt.
Luilli.
La Viefville.

M.

Malbousine.

N.

Nougent.

O.

Orgival.

P.

Pierremande.
Prémontré.
Pinon.

Q.

Quinci.

S.

Sorni.
Saint Paul aux bois.
Sincheni.

T.

Trolli.

V.

Vaussaillon.
Vaussolles.
Vaudesson.
Verneüil.

*
* *

Il n'est pas question, dans cette nomenclature, de Chauny et des environs.

C'est que cette région possédait une Coutume toute particulière rédigée en 1510 puis réformée en 1609 (1).

D'un autre côté, il y a lieu d'ajouter certaines communes de l'arrondissement d'Avesnes et de la province actuelle du Hainaut.

Ces communes soumises à la Coutume du Vermandois ne figurent pas dans les procès-verbaux parcequ'elles ne ressortissaient pas au bailliage de Vermandois, mais elles appartenaient à l'eschevinage de Prisches ; et les officiers de cette justice ayant levé une copie de la Coutume au greffe du bailliage

---

(1) V. d'Héricourt, op. cit. T. 2. P. V. p. 294, à la suite du commentaire de Vrevin.

de Laon, Charles II de Croy la ratifia ; la publication
en fut faite à Prisches le 26 décembre 1564, pour
avoir cours dorénavant dans tout le ressort (1).

Voici les localités qui ressortissaient en 1564 à
l'eschevinage de Prisches, selon l'orthographe de
l'époque :

Landrechies ; — Etroeng, la Chaussée et la Rouil-
lies ; — Anor ; — Ramousies ; — Trélon ; — Le Sars
du Nouvion ; — Barsil Sars du Nouvion ; — Bou-
tonville (Hameau de Baileux, Belgique) ; — La Bui-
sière ; — Beaurepaire ; — Ohin ; — Mommignies
(Belgique) ; — Beauwels (Belgique) ; — Le Nouvion-
en-Thiérache ; — Buronfosse ; — Seloignes (Belgique) ; — Monceaux (Belgique) ; Baillieu-Robechies
(Belgique) ; — Imbrechies ; — Barsil Hainaut ; —
Berghue-les-Prisches ; — Fontenelle et Papleux (2).

Nous avons recherché en Belgique des contrats se
référant à la Coutume du Vermandois. Les études de
notaire de Momignies et de Mâcon pouvaient seules
nous renseigner. Les minutes de la première ne

----

(1) Au nombre *des pièces justificatives* données par
Legrand de Laleu « *pour la communauté des habitans
du Nouvion en Thiérache contre M. le prince de Condé* »,
se trouvent précisément les *Ratifications de la coutume
de Laon par les princes de Chimay et par le grand Bailly
du Hainaut pour le ressort du chef-lieu de Prisches.*
Ces pièces justificatives forment une brochure de 16
pages qui a été imprimée à Paris en 1786 et qui actuelle-
ment est presque introuvable. Nous remercions sincère-
ment M. le Duc de Guise qui a bien voulu nous fournir
des renseignements bibliographiques à ce sujet, et
M. Cux-Furet du Nouvion, qui nous a obligeamment
communiqué l'exemplaire qu'il possède.

(2) Édouard Bercet. *La Loi de Prisches et la charte
d'Anor*, p. 2 et suiv.

remontent qu'à 1847. Celles de la seconde qui a été supprimée sont détenues par M⁰ Lemaur, notaire à Chimay ; mais elles commencent seulement à l'an XI. Parmi les nombreux actes que nous avons parcourus, nous avons remarqué que, si l'on ne s'en réfère plus explicitement à la Coutume du Vermandois, néanmoins, notamment en ce qui concerne les contrats de mariage, ce sont les formules habituelles du Vermandois qui sont employées.

En ce qui touche les villages de Trélon, Prisches et Anor, Merlin s'exprime ainsi : (*Répertoire*, au mot : *Déshérence*, p. 612, col. 2) :

« Ouvrez la Coutume du Vermandois : vous n'y verrez sûrement pas qu'elle régit les bourgs de Trélon, de Prisches et d'Anor en Hainaut ; rien n'est cependant aussi constant. — Consultez la Coutume de la Bassée, ville de la Châtellenie de Lille en Flandre ; vous n'y trouverez pas un mot, pas une syllabe d'où vous puissiez induire qu'elle gouverne la terre de Floyon, située en Hainaut, entre Avesnes et Maubeuge, rien n'est cependant plus notoire ».

*
* *

Pour fixer les idées relativement à cette région, nous donnons ci-contre un croquis avec application des divisions actuelles.

D'une façon générale, le pays régi par la Coutume du Vermandois comprend : dans le département de l'Aisne, les arrondissements de Saint-Quentin, de Vervins, de Laon (moins une ou deux communes et la région de Chauny), de Soissons en partie, avec une ou deux communes de l'arrondissement de

Projet d'une carte des pays soumis à la
COUTUME DU VERMANDOIS
rédigée en 1556, avec application des divisions actuelles

Signes conventionnels

◉.... Chef-lieu de département _____   ⚑.... Chef-lieu d'une Coutume particulière conservée en 1556.
◎......... d°....... d'arrondissement _____   ⚑......... d°......... non-conservée ___ "___
⊙......... d°....... de canton _____   ▮ - - - - Limite de département _____
○.... Autre localité _____   ▮ ___"___ d'arrondissement _____
•••••• Limite proposée de la Coutume de Vermandois

Château-Thierry ; dans le département du Nord, quelques communes des arrondissements de Cambrai et d'Avesnes ; dans la Somme, Nesle, Ham et quelques villages environnants ; dans l'Oise, le Noyonnais ; dans les Ardennes, Brienne ; en Belgique, plusieurs communes de la province de Hainaut.

GAËTAN LEGRAND.

———————

Février 1907.

(Extrait du Tome XXXII du Bulletin de la Société Académique de Laon).

Laon. — Imprimerie du *Journal de l'Aisne.*